대구도시철도공사

KB100736

차량검수 · 차량운영직

기출동형 모의고사

제 1 회	영 역	직업기초능력평가 기계일반
	문항수	80문항
	시 간	80분
	비 고	객관식 5지선다형

SEOWONGAK
(주)서원각

제1회 기출동형 모의고사

✏️ **직업기초능력평가(40문항)**

1. 다음에 제시된 네 개의 문장 (개)~(래)를 문맥에 맞게 순서대로 바르게 나열한 것은?

> (개) 공산품을 제조 · 유통 · 사용 · 폐기하는 과정에서 생태계가 정화시킬 수 있는 정도 이상의 오염물이 배출되고 있기 때문에 다양한 형태의 생태계 파괴가 일어나고 있다.
> (내) 생태계 파괴는 곧 인간에게 영향을 미치므로 생태계의 건강관리에도 많은 주의를 기울여야 할 것이다.
> (대) 최근 '웰빙'이라는 말이 유행하면서 건강에 더 많은 신경을 쓰는 사람들이 늘어나고 있다.
> (래) 그러나 인간이 살고 있는 환경 자체의 건강에 대해서는 아직도 많은 관심을 쏟고 있지 않는 것 같다.

① (내) – (개) – (대) – (래)
② (개) – (내) – (래) – (대)
③ (내) – (개) – (래) – (대)
④ (대) – (래) – (개) – (내)
⑤ (대) – (개) – (래) – (내)

2. 다음은 K공사의 신입사원 채용에 관한 안내문의 일부 내용이다. 다음 내용을 근거로 할 때, K공사가 안내문의 내용에 부합되게 취할 수 있는 행동이라고 볼 수 없는 것은?

> • 모든 응시자는 1인 1개 분야만 지원할 수 있습니다.
> • 응시희망자는 지역제한 등 응시자격을 미리 확인하고 응시원서를 접수하여야 하며, 응시원서의 기재사항 착오 · 누락, 공인어학능력시험 점수 · 자격증 · 장애인 · 취업지원대상자 가산점수 · 가산비율 기재 착오, 연락불능 등으로 발생되는 불이익은 일체 응시자의 책임으로 합니다.
> • 입사지원서 작성내용은 추후 증빙서류 제출 및 관계기관에 조회할 예정이며 내용을 허위로 입력한 경우에는 합격이 취소됩니다.
> • 응시자는 시험장소 공고문, 답안지 등에서 안내하는 응시자 주의사항에 유의하여야 하며, 이를 준수하지 않을 경우에 본인에게 불이익이 될 수 있습니다.
> • 원서접수결과 지원자가 채용예정인원 수와 같거나 미달이더라도 적격자가 없는 경우 선발하지 않을 수 있습니다.
> • 시험일정은 사정에 의하여 변경될 수 있으며 변경내용은 7일 전까지 공사 채용홈페이지를 통해 공고할 계획입니다.
> • 제출된 서류는 본 채용목적 이외에는 사용하지 않으며, 채용절차의 공정화에 관한 법령에 따라 최종합격자 발표일 이후 180일 이내에 반환청구를 할 수 있습니다.
> • 최종합격자 중에서 신규임용후보자 등록을 하지 않거나 관계법령에 의한 신체검사에 불합격한 자 또는 공사 인사규정 제21조에 의한 응시자격 미달자는 신규임용후보자 자격을 상실하고 차순위자를 추가합격자로 선발할 수 있습니다.
> • 임용은 교육성적을 포함한 채용시험 성적순으로 순차적으로 임용하되, 장애인 또는 경력자의 경우 성적순위에도 불구하고 우선 임용될 수 있습니다.
> ※ 공사 인사규정 제22조 제2항에 의거 신규임용후보자의 자격은 임용후보자 등록일로부터 1년으로 하며, 필요에 따라 1년의 범위 안에서 연장될 수 있습니다.

① 동일한 응시자가 기계직과 운영직에 동시 응시를 한 사실이 뒤늦게 발견되어 임의로 기계직 응시 관련 사항 일체를 무효처리하였다.
② 대학 졸업예정자로 채용된 A씨는 마지막 학기 학점이 부족하여 졸업이 미뤄지는 바람에 채용이 취소되었다.
③ 50명 선발이 계획되어 있었고, 45명이 지원을 하였으나 42명만 선발하였다.
④ 최종합격자 중 신규임용후보자 자격을 상실한 자가 있어 불합격자 중 임의의 인원을 추가 선발하였다.
⑤ 채용시험 성적이 합격권이 아닌 경력자 B씨를 채용하였다.

3. 다음 글의 단락 ㈎~㈒를 문맥에 맞는 순서로 적절하게 재배열한 것은?

㈎ 가벼울수록 에너지 소모가 줄어들기 때문에 철도차량은 끊임없이 경량화를 추구하고 있다. 물론 차량속도를 높이기 위해서는 추진 장치의 성능을 높일 수도 있지만, 이는 가격 상승과 더 많은 전력 손실을 가져온다. 또한 차량이 무거울수록 축중이 증가해 궤도와 차륜의 유지보수 비용도 증가하고, 고속화 했을 때 그만큼 안전성이 떨어지는 등 문제가 있어 경량화는 열차의 설계에 있어서 필수적인 사항이 되었다.

㈏ 이를 위해 한 종류의 소재로 전체 차체구조에 적용하는 것이 아니라, 소재의 기계적 특성과 해당 부재의 기능적 역할에 맞게 2종류 이상의 소재를 동시에 적용하는 하이브리드형 차체가 개발되었다. 예를 들면 차체 지붕은 탄소섬유강화플라스틱(CFRP)과 알루미늄 압출재, 하부구조는 스테인리스 스틸 또는 고장력강 조합 등으로 구성되는 등 다양한 소재를 병용해 사용하고 있다. 이렇게 복합재료를 사용하는 것은 두 가지 이상의 독립된 재료가 서로 합해져서 보다 우수한 기계적 특성을 나타낼 수 있기 때문이다.

㈐ 초기의 철도 차량은 오늘날과 전혀 다른 소재와 모양을 하고 있었다. 열차가 원래 마차를 토대로 하여 만들어졌고, 증기기관의 성능도 뛰어나지 못해 대형 차량을 끌 수 없었기 때문이다. 하지만 크기가 커지면서 구조적으로 집과 유사한 형태를 가지게 되어, 철도 차량은 벽과 기둥이 만들어지고 창문이 설치되면서 집과 유사한 구조를 가지게 되었다. 열차의 차체는 가벼운 목재에서 제철산업이 발달하면서 강제로 변화되었다. 차체 소재가 목재에서 금속재로 변경된 이유는 충돌, 탈선 및 전복, 화재 등의 사고가 발생했을 때 목재 차체는 충분한 안전을 확보하는데 어렵기 때문이다. 물론 생산제조 기술의 발전으로 금속재료 차체들의 소재원가 및 제조비용이 낮아졌다는 것도 중요하다고 할 수 있다.

㈒ 철강 기술이 발달하면서 다양한 부위에 녹이 슬지 않는 스테인리스를 사용하게 되었다. 그리고 구조적으로도 변화가 생겼다. 단순한 상자모양에서 차량은 프레임 위에 상자 모양의 차체를 얹어서 만드는 형태로 진화했고, 위치에 따라 작용하는 힘의 크기를 계산해 다양한 재료를 사용하기에 이르렀다. 강재나 SUS(스테인리스 스틸), 알루미늄 합금 등 다양한 금속재료를 활용하는 등 소재의 종류도 크게 증가했다. 그리고 금속소재뿐만 아니라 엔지니어링 플라스틱이나 섬유강화복합(FRP, Fiber Reinforced Polymer) 소재와 같은 비금속 재료도 많이 활용되고 있다. FRP는 우수한 내식성과 성형성을 가진 에폭시나 폴리에스터와 같은 수지를 유리나 탄소섬유와 같이 뛰어난 인장과 압축강도를 가진 강화재로 강도를 보강해 두 가지 재료의 강점만 가지도록 만든 것이다.

① ㈐ - ㈒ - ㈎ - ㈏ ② ㈒ - ㈐ - ㈎ - ㈏
③ ㈐ - ㈒ - ㈏ - ㈎ ④ ㈏ - ㈒ - ㈎ - ㈐
⑤ ㈐ - ㈎ - ㈒ - ㈏

4. 다음 글을 읽고 ㉠에 담긴 의미로 적절한 것은?

최근 국제 시장에서 원유 가격이 가파르게 오르면서 세계 경제를 크게 위협하고 있다. 기름 한 방울 나지 않는 나라에 살고 있는 우리로서는 매우 어려운 상황이 아닐 수 없다. 에너지 자원을 적극적으로 개발하고, 다른 한편으로는 에너지 절약을 생활화해서 이 어려움을 슬기롭게 극복해야만 한다.

다행히 우리는 1970년대 초부터 원자력 발전소 건설을 적극적으로 추진해 왔다. 그 결과 현재 원자력 발전소에서 생산하는 전력이 전체 전력 생산량의 약 40%를 차지하고 있다. 원자력을 주요 에너지 자원으로 활용함으로써 우리는 석유, 석탄, 가스와 같은 천연 자원에 대한 의존도를 어느 정도 낮출 수 있게 되었다.

그러나 그 정도로는 턱없이 부족하다. 전체 에너지 자원의 97%를 수입하는 우리는 절약을 생활화하지 않으면 안 된다. 하지만 국민들은 아직도 '설마 전기가 어떻게 되랴'하는 막연한 생각을 하면서 살고 있다. 한여름에도 찬 기운을 느낄 정도로 에어컨을 켜 놓은 곳도 많다. 이것은 지나친 에너지 낭비이다. 여름철 냉방 온도를 1도만 높이면 약 2조 5천억원의 건설비가 들어가는 원자로 1기를 덜 지어도 된다. ㉠'절약이 곧 생산'인 것이다.

에너지를 절약하는 방법에는 여러 가지가 있다. 가까운 거리는 걸어서 다니기, 승용차 대신 대중교통이나 자전거 이용하기, 에너지 절약형 가전제품 쓰기, 승용차 요일제 참여하기, 적정 냉·난방 온도 지키기, 사용하지 않는 가전제품의 플러그 뽑기 등이 모두 에너지를 절약하는 방법이다.

또, 에너지 절약 운동은 일회성으로 그쳐서는 안 된다. 그것은 반복적이고 지속적으로 실천해야만 할 과제이다. 국가적 어려움을 극복하기 위해 얼마간의 개인적 불편을 기꺼이 받아들이겠다는 마음가짐이 필요하다.

에너지 절약은 더 이상 선택 사항이 아니다. 그것은 생존과 직결되므로 반드시 실천해야 할 사항이다. 고유가 시대를 극복하기 위해서는 우리 모두 허리띠를 졸라매는 것 외에는 다른 방법이 없다. 당장 에어컨보다 선풍기를 사용해서 전기 절약을 생활화해 보자. 온 국민이 지혜를 모으고 에너지 절약에 적극적으로 동참한다면 우리는 이 어려움을 슬기롭게 극복할 수 있을 것이다.

① 절약은 절약일 뿐 생산과는 관련이 없다.
② 절약을 하게 되면 생산이 감소한다.
③ 절약하면 불필요한 생산을 하지 않아도 된다.
④ 절약으로 전력 생산량을 증가시킨다.
⑤ 생산을 줄이면 절약하게 된다.

5. 노후준비에 대한 다음 글을 전체 글의 서론으로 가정할 경우, 본론에서 다루어질 사안이라고 보기에 가장 거리가 먼 것은?

> 고령화로 인한 기대여명의 상승으로 생애주기에서 노년기가 차지하는 비중이 증가함에 따라 노후준비의 중요성이 커지고 있다. 이로 인해 국가에서는 2015년 6월 노후준비지원법을 제정하고, 12월부터 시행하기에 이르렀다. 노후준비지원법에서는 노후준비 지원을 위한 시책 수립과 시행을 국가와 지자체의 책무로 하고, 국민연금공단에 중앙노후준비지원센터를 지정 운영하도록 하였다. 개인의 노후준비를 국가와 지자체, 공단이 지원토록 함으로써 노후준비를 통해 노년기를 '피하고 싶은 노년'에서 '준비하고 기다리는 노년'으로 인식의 전환을 가져올 수 있으며, 노후준비를 통해 개인의 재무적 문제를 해결함으로써 정부와 사회복지비용과 재정지출을 절감할 수 있으며, 다양한 인적자원 활용을 통해 국가 경쟁력을 제고할 수 있을 뿐만 아니라 고령사회형 신규 일자리 창출 등의 효과를 기대할 수 있다.
>
> 성공적인 노후준비는 노년기에 발생할 수 있는 빈곤, 질병, 무위, 고독 등에 대처하는 것을 말하는데, 재무적인 영역뿐만 아니라 비재무적 영역을 포괄하는 개념으로, 노후준비는 노후소득 뿐만 아니라 노년의 삶을 건강하게 보낼 수 있는 다양한 준비를 적절히 하고 있는가에 초점을 맞추어야 한다. 그리고 노후준비가 적절히 이루어지고 있는가를 파악하기 위해서는 노년기 이전부터 노후시기에 이르기까지 노후준비의 실태를 지속적으로 파악할 필요가 있다.

① 노년기 이전의 연금, 보험 등 노년기 이후를 대비한 재무적인 준비
② 거주 지역의 인구 밀집도와 상가, 편의시설 등의 분포 구조 파악
③ 중년층의 주말 여가활동 전반과 변화에 대한 희망 여부 등
④ 대인관계 및 보호자 유무, 가족과의 갈등 상황 등의 현황 파악
⑤ 중·고령자의 건강상태와 질환 및 건강관리를 위한 생활습관 조사

6. 다음은 '철도안전법'의 일부 내용이다. 제시된 글의 내용과 일치하는 것은?

> 〈철도안전법〉
> 제47조(여객열차에서의 금지행위) 여객은 여객열차에서 다음 각 호의 어느 하나에 해당하는 행위를 하여서는 아니 된다.
> 1. 정당한 사유 없이 국토교통부령으로 정하는 여객출입 금지장소에 출입하는 행위
> 2. 정당한 사유 없이 운행 중에 비상정지버튼을 누르거나 철도차량의 옆면에 있는 승강용 출입문을 여는 등 철도차량의 장치 또는 기구 등을 조작하는 행위
> 3. 여객열차 밖에 있는 사람을 위험하게 할 우려가 있는 물건을 여객열차 밖으로 던지는 행위
> 4. 흡연하는 행위
> 5. 철도종사자와 여객 등에게 성적(性的) 수치심을 일으키는 행위
> 6. 술을 마시거나 약물을 복용하고 다른 사람에게 위해를 주는 행위
> 7. 그 밖에 공중이나 여객에게 위해를 끼치는 행위로서 국토교통부령으로 정하는 행위
> 제48조(철도 보호 및 질서유지를 위한 금지행위) 누구든지 정당한 사유 없이 철도 보호 및 질서유지를 해치는 다음 각 호의 어느 하나에 해당하는 행위를 하여서는 아니 된다.
> 1. 철도시설 또는 철도차량을 파손하여 철도차량 운행에 위험을 발생하게 하는 행위
> 2. 철도차량을 향하여 돌이나 그 밖의 위험한 물건을 던져 철도차량 운행에 위험을 발생하게 하는 행위
> 3. 궤도의 중심으로부터 양측으로 폭 3미터 이내의 장소에 철도차량의 안전 운행에 지장을 주는 물건을 방치하는 행위
> 4. 철도교량 등 국토교통부령으로 정하는 시설 또는 구역에 국토교통부령으로 정하는 폭발물 또는 인화성이 높은 물건 등을 쌓아 놓는 행위
> 5. 선로(철도와 교차된 도로는 제외한다) 또는 국토교통부령으로 정하는 철도시설에 철도운영자 등의 승낙 없이 출입하거나 통행하는 행위
> 6. 역 시설 등 공중이 이용하는 철도시설 또는 철도차량에서 폭언 또는 고성방가 등 소란을 피우는 행위
> 7. 철도시설에 국토교통부령으로 정하는 유해물 또는 열차운행에 지장을 줄 수 있는 오물을 버리는 행위
> 8. 역 시설 또는 철도차량에서 노숙(露宿)하는 행위
> 9. 열차운행 중에 타고 내리거나 정당한 사유 없이 승강용 출입문의 개폐를 방해하여 열차운행에 지장을 주는 행위
> 10. 정당한 사유 없이 열차 승강장의 비상정지버튼을 작동시켜 열차운행에 지장을 주는 행위
> 11. 그 밖에 철도시설 또는 철도차량에서 공중의 안전을 위하여 질서유지가 필요하다고 인정되어 국토교통부령으로 정하는 금지행위

① 열차 밖에 있는 사람을 위험하게 할 의도가 없었다면, 물건을 밖으로 던지는 행위가 금지되어 있지는 않다.

② 열차가 아닌 역사에서 노숙을 하거나 열차 내 승무원이 아닌 승객에게 성희롱을 하는 것은 '철도안전법'에 의한 금지 행위가 아니다.

③ 여객출입 금지 장소인 기관실을 제외하면 어느 구역이든 접근 및 출입은 가능하다.

④ 열차 내에서는 다른 탑승객들이 그 피해를 피할 수 없는 흡연은 금지되어 있으나, 혼자 조용히 술을 마시는 행위는 금지되어 있지 않다.

⑤ 철도 건널목 위를 차량에 탑승하지 아니한 채 도보로 통행하는 것은 금지되어 있지 않지만, 건널목을 조금이라도 벗어나 선로로 진입하는 것은 금지되어 있다.

7. 다음 광고를 보고 잘못 이해한 것은?

〈신입사원 정규채용 공고〉

분야	인원	응시자격	연령	비고
콘텐츠 기획	5	• 해당분야 유경험자(3년 이상) • 외국어 사이트 운영 경력자 우대 • 외국어(영어/일어) 전공자	제한 없음	정규직
제휴 마케팅	3	• 해당분야 유경험자(5년 이상) • 웹 프로모션 경력자 우대 • 콘텐츠산업(온라인) 지식 보유		
웹 디자인	2	• 응시제한 없음 • 웹디자인 유경험자 우대		

〈입사지원서 및 기타 구비서류〉

(1) 접수방법
• 인터넷(www.abcdefg.co.kr)을 통해서 접수(우편·방문접수 불가)
• 채용분야별 복수지원 불가(중복 시 모두 불합격 처리)

(2) 입사지원서 접수 유의사항
• 입사지원은 인터넷 접수만 가능
• 접수 마감일에는 지원자 폭주 및 서버의 네트워크 사정에 따라 접속이 불안정해 질 수 있으니 가급적 마감일 1~2일 전까지 입사지원서 작성바람
• 입사지원서를 작성하여 접수하고 수험번호가 부여된 후 재입력이나 수정은 채용 공고 종료일 18:00까지만 가능하오니, 기재내용 입력에 신중을 기하여 정확하게 입력하기 바람

(3) 구비서류 접수
• 접수방법 : 최종면접 전형 당일 시험장에서만 접수하며, 미제출자는 불합격 처리
    − 최종학력졸업증명서 1부
    − 자격증 사본 1부(해당자에 한함)

(4) 기타 사항
• 상기 모집분야에 대해 최종 전형결과 적격자가 없는 것으로 판단될 경우, 선발하지 아니할 수 있으며, 추후 입사지원서의 기재사항이나 제출서류가 허위로 판명될 경우 합격 또는 임용을 취소
• 최종합격자라도 신체검사에서 불합격 판정을 받거나 당사 인사규정상 채용 결격사유가 발견된 경우 임용을 취소함
• 3개월 인턴 후 평가(70점 이상)에 따라 정식 고용 여부 결정

(5) 문의 및 접수처
• 기타 문의사항은 홈페이지(www.abcdefg.co.kr) 참고

① 최종합격자라도 신체검사에서 불합격 판정을 받으면 임용이 취소된다.

② 3개월 인턴과정을 거치고 나면 별도의 제약 없이 정식 고용된다.

③ 자격증 사본은 해당자만 제출한다.

④ 우편·방문접수는 불가능하며 인터넷 접수만 가능하다.

⑤ 지원서 수정은 마감일 이후 불가능하다.

8. 다음 제시된 글에서 청소년기를 규정하고 있는 관점으로 가장 적절한 것은?

고대 그리스의 철학자 Platon은 '법률(Laws)'과 '국가론(the Republic)'이라는 두 책에서 청소년기는 다른 시기보다도 습관에 의해 성격이 형성되기 쉽다고 지적하고 있다. 또한 그는 청소년의 성격은 삶의 과정 동안 매우 변하기 쉽다고 주장하였다. 플라톤은 이성의 발달이 청소년기에 이루어진다고 보았다. 그 이유는 이전의 아동기는 습관에 의한 훈련을 통해 인간의 본능을 알게 되고 이를 자신과 조화시키도록 하는 것은 이성을 습득한 후에 가능하다고 보았기 때문이다.

이러한 맥락에서 교육은 이성이 발달하기 이전에 아동에게 경험을 제공하는 것이며, 플라톤은 아동의 개인차를 인정하여 모든 아동은 각기 다른 능력을 가지고 태어나기 때문에 각자의 적성에 맞는 활동을 할 수 있도록 안내해 주어야 한다고 주장하였다. 청소년기에 대한 플라톤의 긍정적인 태도는 오늘날의 임파워먼트(empowerment)개념과 비슷한 부분이 청소년기에 있음을 주장하고 있는 것으로 여겨진다. 즉 청소년의 능력에 따라 이를 적극적으로 활용할 수 있도록 안내하는 책임이 성인 및 이들을 돕는 전문가에게 있는데, 이는 청소년을 능동적 주체로 여기는 것이다.

청소년기를 태동하게 만든 배경은 서구의 산업혁명으로 인한 의무교육의 도입으로 볼 수 있다. 산업화가 진행됨에 따라 사회는 교육받은 숙련된 노동력을 더욱 필요로 하게 되었다. 이러한 사회적 배경을 토대로 19세기말부터는 아동 및 청소년의 노동을 제한하고 학교교육이 의무화되었다. 그 결과 10대 청소년은 또래와 많은 시간을 보냈고, 아동과는 구별되지만 아직 성인의 책임을 맡을 준비는 되지 않은 독특한 그들만의 또래문화를 만들게 되었다.

① 법적 관점
② 사회적 관점
③ 심리적 관점
④ 교육적 관점
⑤ 경제적 관점

9. 다음의 내용을 근거로 할 때 유추할 수 있는 옳은 내용만을 바르게 짝지은 것은?

갑과 을은 ○×퀴즈를 풀었다. 문제는 총 8문제(100점 만점)이고, 분야별 문제 수와 문제당 배점은 다음과 같다.

분야	문제 수	문제당 배점
한국사	6	10점
경제	1	20점
예술	1	20점

문제 순서는 무작위로 정해지고, 갑과 을이 각 문제에 대해 ○ 또는 ×를 다음과 같이 선택하였다.

문제	갑	을
1	○	○
2	×	○
3	○	○
4	○	×
5	×	×
6	○	×
7	×	○
8	○	○
총점	80점	70점

㉠ 갑과 을은 모두 경제 문제를 틀린 경우가 있을 수 있다.
㉡ 갑만 경제 문제를 틀렸다면, 예술 문제는 갑과 을 모두 맞혔다.
㉢ 갑이 역사 문제 두 문제를 틀렸다면, 을은 예술 문제와 경제 문제를 모두 맞혔다.

① ㉡
② ㉢
③ ㉠㉡
④ ㉠㉢
⑤ ㉠㉡㉢

10. 다음은 맛집 정보와 평가 기준을 정리한 표이다. 이 자료를 바탕으로 판단할 때 총점이 가장 높은 음식점은 어디인가?

평가 항목 / 음식점	음식 종류	이동 거리	1인분 가격	평점 (★ 5개 만점)	예약 가능 여부
북경반점	중식	150m	7,500원	★★☆	○
샹젤리제	양식	170m	8,000원	★★★	○
경복궁	한식	80m	10,000원	★★★★	×
아사이타워	일식	350m	9,000원	★★★★☆	×
광화문	한식	300m	12,000원	★★★★★	×

※ ☆은 ★의 반개다.

◎ 평가항목 중 이동거리, 가격, 맛 평점에 대하여 각 항목별로 5, 4, 3, 2, 1점을 각각의 음식점에 하나씩 부여한다.
  • 이동거리가 짧은 음식점일수록 높은 점수를 준다.
  • 가격이 낮은 음식점일수록 높은 점수를 준다.
  • 맛 평점이 높은 음식점일수록 높은 점수를 준다.
◎ 평가 항목 중 음식종류에 대하여 일식 5점, 한식 4점, 양식 3점, 중식 2점을 부여한다.
◎ 예약이 가능한 경우 가점 1점을 부여한다.
◎ 총점은 음식종류, 이동거리, 가격, 맛 평점의 4가지 평가 항목에서 부여받은 점수와 가점을 합산하여 산출한다.

① 북경반점
② 샹젤리제
③ 경복궁
④ 아사이타워
⑤ 광화문

11. 다음 조건을 바탕으로 B의 사무실과 식당이 위치한 곳을 순서대로 짝지은 것은?

• A, B, C는 각각 5동, 6동, 7동 중 한 곳에 사무실이 있으며 겹치지 않는다.
• 세 명은 각각 3개 동 중 한 곳에 있는 식당에 갔으며, 서로 같은 식당에 가지 않았다.
• 세 명이 근무하는 곳과 갔던 식당의 위치는 겹치지 않는다.
• B는 C가 갔던 식당이 있는 동에서 근무한다.
• C는 7동에서 근무하며, A와 B는 어제 6동 식당에 가지 않았다.

① 6동, 5동
② 6동, 7동
③ 5동, 5동
④ 5동, 6동
⑤ 5동, 7동

12. 다음은 영철이가 작성한 A, B, C, D 네 개 핸드폰의 제품별 사양과 사양에 대한 점수표이다. 다음 표를 본 영미가 〈보기〉와 같은 상황에서 선택하기에 가장 적절한 제품과 가장 적절하지 않은 제품은 각각 어느 것인가?

구분	A	B	C	D
크기	153.2×76.1 ×7.6	154.4×76 ×7.8	154.4×75.8 ×6.9	139.2×68.5 ×8.9
무게	171g	181g	165g	150g
RAM	4GB	3GB	4GB	3GB
저장공간	64GB	64GB	32GB	32GB
카메라	16Mp	16Mp	8Mp	16Mp
배터리	3,000mAh	3,000mAh	3,000mAh	3,000mAh
가격	653,000원	616,000원	599,000원	549,000원

〈사양별 점수표〉

무게	160g 이하	161~180g	181~200g	200g 이상
	20점	18점	16점	14점
RAM	3GB		4GB	
	15점		20점	
저장 공간	32GB		64GB	
	18점		20점	
카메라	8Mp		16Mp	
	8점		20점	
가격	550,000원 미만	550,000 ~600,000원 미만	600,000~650,000 원 미만	650,000원 이상
	20점	18점	16점	14점

"나도 이번에 핸드폰을 바꾸려 하는데, 내가 가장 중요하게 생각하는 조건은 저장 공간이야. 그 다음으로는 무게가 가벼웠으면 좋겠고, 다음 카메라 기능이 좋은 걸 원하지. 음...다른 기능은 전혀 고려하지 않지만, 저장 공간, 무게, 카메라 기능에 각각 가중치를 30%, 20%, 10% 추가 부여하는 정도라고 볼 수 있어."

① A제품과 D제품
② B제품과 C제품
③ A제품과 C제품
④ B제품과 A제품
⑤ A제품과 B제품

13. 양 과장은 휴가를 맞아 제주도로 여행을 떠나려고 한다. 가족 여행이라 짐이 많을 것을 예상한 양 과장은 제주도로 운항하는 5개의 항공사별 수하물 규정을 다음과 같이 검토하였다. 다음 규정을 참고할 때, 양 과장이 판단한 것으로 올바르지 않은 것은?

	화물용	기내 반입용
갑항공사	A+B+C=158cm 이하, 각 23kg, 2개	A+B+C=115cm 이하, 10kg~12kg, 2개
을항공사		A+B+C=115cm 이하, 10kg~12kg, 1개
병항공사	A+B+C=158cm 이하, 20kg, 1개	A+B+C=115cm 이하, 7kg~12kg, 2개
정항공사	A+B+C=158cm 이하, 각 20kg, 2개	A+B+C=115cm 이하, 14kg 이하, 1개
무항공사		A+B+C=120cm 이하, 14kg~16kg, 1개

* A, B, C는 가방의 가로, 세로, 높이의 길이를 의미함.

① 기내 반입용 가방이 최소한 2개는 되어야 하니 일단 갑, 병항공사밖엔 안 되겠군.

② 가방 세 개 중 A+B+C의 합이 2개는 155cm, 1개는 118cm 이니 무항공사 예약상황을 알아봐야지.

③ 무게로만 따지면 병항공사보다 을항공사를 이용하면 더 많은 짐을 가져갈 수 있겠군.

④ 가방의 총 무게가 55kg을 넘어갈 테니 반드시 갑항공사를 이용해야겠네.

⑤ A+B+C의 합이 115cm인 13kg 가방 2개를 기내에 가지고 탈 수 있는 방법은 없겠군.

14. R공사에서는 신입사원 2명을 채용하기 위하여 서류와 필기전형을 통과한 갑, 을, 병, 정 네 명의 최종 면접을 실시하려고 한다. 아래 표와 같이 네 개 부서의 팀장이 각각 네 명을 모두 면접하여 최종 선정 우선순위를 결정하였다. 면접 결과에 대한 〈보기〉와 같은 설명 중 적절한 것을 모두 고른 것은?

	A팀장	B팀장	C팀장	D팀장
최종 선정자 (1/2/3/ 4순위)	을/정/갑/병	갑/을/정/병	을/병/정/갑	병/정/갑/을

* 우선순위가 높은 사람 순으로 2명을 채용하며, 동점자는 A, B, C, D팀장 순으로 부여한 고순위자로 결정함.

* 팀장별 순위에 대한 가중치는 모두 동일하다.

〈보기〉
㉠ '을' 또는 '정' 중 한 명이 입사를 포기하면 '갑'이 채용된다.
㉡ A팀장이 '을'과 '정'의 순위를 바꿨다면 '갑'이 채용된다.
㉢ B팀장이 '갑'과 '병'의 순위를 바꿨다면 '정'은 채용되지 못한다.

① ㉠   ② ㉠, ㉢
③ ㉡, ㉢   ④ ㉠, ㉡
⑤ ㉠, ㉡, ㉢

15. 홍보팀 백 대리는 회사 행사를 위해 연회장을 예약하려 한다. 연회장의 현황과 예약 상황이 다음과 같을 때, 연회장에 예약 문의를 한 백 대리의 아래 질문에 대한 연회장 측의 회신 내용에 포함되기에 적절하지 않은 것은?

〈연회장 시설 현황〉			
구분	최대 수용 인원(명)	대여 비용(원)	대여 가능 시간
A	250	500,000	3시간
B	250	450,000	2시간
C	200	400,000	3시간
D	150	350,000	2시간

* 연회장 정리 직원은 오후 10시에 퇴근함
* 시작 전과 후 준비 및 청소 시간 각각 1시간 소요, 연이은 사용의 경우 중간 1시간 소요.

〈연회장 예약 현황〉

일	월	화	수	목	금	토
			1 A 10시 B 16시	2 B 19시 D 18시	3 C 15시 D 16시	4 A 11시 B 12시
5	6 B 17시 C 18시	7	8 A 18시 D 16시	9 C 15시	10 C 16시 D 11시	11
12	13 C 15시 D 16시	14 A 16시	15 D 18시 A 15시	16	17 B 18시 D 17시	18

<백 대리 요청 사항>

안녕하세요?

연회장 예약을 하려 합니다. 주말과 화, 목요일을 제외하고 가능한 날이면 언제든 좋습니다. 참석 인원은 180~220명 정도 될 것 같고요. 오후 6시에 저녁 식사를 겸해서 2시간 정도 사용하게 될 것 같습니다. 물론 가급적 저렴한 연회장이면 더 좋겠습니다. 회신 부탁드립니다.

① 가능한 연회장 중 가장 저렴한 가격을 원하신다면 월요일은 좀 어렵겠습니다.
② 6일은 가장 비싼 연회장만 가능한 상황입니다.
③ 인원이 200명을 넘지 않으신다면 가장 저렴한 연회장을 사용하실 수 있는 기회가 네 번 있습니다.
④ 8일과 15일은 사용하실 수 있는 잔여 연회장 현황이 동일합니다.
⑤ A, B 연회장은 원하시는 날짜에 언제든 가능합니다.

16. 다음 글과 〈평가 내역〉을 근거로 한 〈보기〉와 같은 내용 중 적절하지 않은 것을 모두 고른 것은?

'갑'시(市)에는 A, B, C, D 네 개의 사회인 야구팀이 있으며 시에서는 야구 활성화를 위해 네 개 야구팀에 각종 지원을 하고 있다. 매년 네 개 야구팀에 대한 평가를 실시하여 종합 순위를 산정한 후, 1~2위 팀에게는 시에서 건설한 2개의 시립 야구장에 대한 매주 일요일 각각 2회의 이용을 허가해 주고 있으며, 3위 팀까지는 다음 해의 전국 대회 출전 자격이 부여된다. 4위를 한 팀에게는 장비 구입 지원 금액이 30% 삭감되며, 순위가 오르면 다음 해의 지원 금액이 다시 원상 복구된다.

평가 방법은 다음 표와 같이 네 개 항목을 기준으로 점수를 부여하고 항목별 가중치를 곱한 값을 부여된 점수에 합산하여 총점을 산출한다.

〈올 해의 팀별 평가 내역〉

평가 항목(가중치)	A팀	B팀	C팀	D팀
팀 성적(0.3)	65	80	75	85
연간 경기 횟수(0.2)	90	95	85	90
사회공헌활동(0.3)	90	75	85	80
지역 인지도(0.2)	95	85	95	85

〈보기〉
㉠ 내년에는 C팀과 D팀이 매주 일요일 시립 야구장을 사용하게 된다.
㉡ 팀 성적과 연간 경기 횟수에 대한 가중치가 바뀐다면 지원 금이 삭감되는 팀도 바뀌게 된다.
㉢ 내년 '갑'시에서 전국 대회에 출전할 팀은 A, C, D팀이다.
㉣ 지역 인지도 점수가 네 팀 모두 동일하다면 세 개 팀의 순위가 달라진다.

① ㉠, ㉢, ㉣
② ㉡, ㉢, ㉣
③ ㉠, ㉡, ㉢
④ ㉠, ㉡, ㉣
⑤ ㉠, ㉡, ㉢, ㉣

17. 당신은 ㈜소정의 신입사원이다. 당신은 아직 조직 문화에 적응하지 못하고 있어, 선배 사원들의 행동을 모방하며 적응해 가려고 한다. 그런데 회사의 내부 분위기는 상사가 업무 전반을 지휘하고, 그 하급자들은 명령에 무조건 복종하는 '상명하복 문화'가 지배적인 업무환경으로 판단된다. 또한 대부분의 선배 사원들은 상사의 업무 지휘에 대해 큰 불만을 가지지 않고, 맡겨진 업무에 대해서는 빠르게 처리하는 분위기이다. 이러한 조직 문화에 적응하려 할 때, 당신이 팔로워로서 발현하게 될 특징으로 가장 적절한 것은?

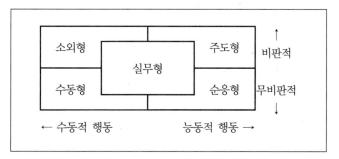

① 조직 변동에 민감하게 반응한다.
② 가치를 창조하는 직무활동을 수행한다.
③ 조직을 위해 자신과 가족의 요구를 양보한다.
④ 조직이 나의 아이디어를 원치 않는다고 생각한다.
⑤ 독립적인 사고와 비판적인 입장으로 생각한다.

18. 당신은 ㈜서원각에서 근무하는 신입사원이다. 지난주 금요일 회의에서 당신은 최근 국제 정세가 전제된 회의 내용을 제대로 알아듣지 못해 적극적으로 참여하지 못했다. 당신은 다음 회의 때에는 반드시 어리숙하게 앉아만 있다 오지 않기로 결심했고, 적극적인 회의 참석을 위해 국제 정세에 관해 충분히 숙지해두기로 마음먹었다. 이를 위해 매주 수요일마다 선배 사원에게 국제 정세와 관련된 대화를 나눠줄 것을 부탁했고, 충분한 대화가 안 되는 것 같으면 지적해줄 것을 요청하였다. 당신의 이러한 대처방안에 대한 설명으로 가장 적절한 것은?

① 연습의 질을 높이면 목표를 설정할 수 있게 된다.

② 선배 사원과의 대화는 목표 정립 과정 중 피드백 과정에 해당한다.

③ 선배 사원으로부터 양질의 평가를 받으면, 결과목표를 달성한 것이 된다.

④ 다음 회의에서 회의 내용을 알아듣기 위한 것이 결과목표를 설정한 것이다.

⑤ 선배 사원과의 대화에서 좋은 평가를 받는 것을 목표로 하고, 연습을 통해 실제로 그렇게 된다면 이는 수행목표를 달성한 것이다.

19. 다음의 대화를 통해 알 수 있는 내용으로 가장 알맞은 것은?

> K팀장 : 좋은 아침입니다. 어제 말씀드린 보고서는 다 완성이 되었나요
> L사원 : 예, 아직 완성을 하지 못했습니다. 시간이 많이 부족한 것 같습니다.
> K팀장 : 보고서를 작성하는데 어려움이 있나요
> L사원 : 팀장님의 지시대로 하는데 어려움은 없습니다. 그러나 저에게 주신 자료 중 잘못된 부분이 있는 것 같습니다.
> K팀장 : 아. 저도 몰랐던 부분이네요. 잘못된 점이 무엇인가요?
> L사원 : 직접 보시면 아실 것 아닙니까? 일부러 그러신 겁니까?
> K팀장 : 아 그렇습니까?

① K팀장은 아침부터 L사원을 나무라고 있다.

② L사원은 K팀장과 사이가 좋지 못하다.

③ K팀장은 리더로서의 역할이 부족하다.

④ L사원은 팀원으로서의 팔로워십이 부족하다.

⑤ K팀장은 독재자 유형의 리더십을 보이고 있다.

20. 다음 사례에서 직장인으로서 옳지 않은 행동을 한 사람은?

> 〈사례1〉
> K그룹에 다니는 철환이는 어제 저녁 친구들과 횟집에서 회를 먹고 오늘 일어나자 갑자기 배가 아파 병원에 간 결과 식중독에 걸렸다는 판정을 받고 입원을 하게 되었다. 생각지도 못한 일로 갑자기 결근을 하게 된 철환이는 즉시 회사에 연락해 사정을 말한 후 연차를 쓰고 입원하였다.
>
> 〈사례2〉
> 여성 구두를 판매하는 S기업의 영업사원으로 입사한 상빈이는 업무상 여성고객들을 많이 접하고 있다. 어느 날 외부의 한 백화점에서 여성고객을 만나게 된 상빈이는 그 고객과 식사를 하기 위해 식당이 있는 위층으로 에스컬레이터를 타고 가게 되었다. 이때 그는 그 여성고객에게 먼저 타도록 하고 자신은 뒤에 타고 올라갔다.
>
> 〈사례3〉
> 한창 열심히 근무하는 관모에게 한 통의 전화가 걸려 왔다. 얼마 전 집 근처에 있는 공인중개사에 자신의 이름으로 된 집을 월세로 내놓았는데 그 공인중개사에서 연락이 온 것이다. 그는 옆자리에 있는 동료에게 잠시 자리를 비우겠다고 말한 뒤 신속하게 사무실 복도를 지나 야외 휴게실에서 공인중개사 사장과 연락을 하고 내일 저녁 계약 약속을 잡았다.
>
> 〈사례4〉
> 입사한 지 이제 한 달이 된 정호는 어느 날 다른 부서에 급한 볼일이 있어 복도를 지나다가 우연히 앞에 부장님이 걸어가는 걸 보았다. 부장님보다 천천히 가자니 다른 부서에 늦게 도착할 것 같아 어쩔 수 없이 부장님을 지나치게 되었는데 이때 그는 부장님께 "실례하겠습니다."라고 말하는 것을 잊지 않았다.
>
> 〈사례5〉
> 해외 바이어와 만난 지성이는 건네받은 명함을 꾸기거나 계속 만지지 않고 탁자 위에 보이는 채로 대화를 했다. 명함을 꾸기거나 받는 즉시 호주머니에 넣으면 매너가 아닌 것을 알기 때문이다.

① 철환

② 상빈

③ 관모

④ 정호

⑤ 지성

21. 다음은 엄팀장과 그의 팀원인 문식이의 대화이다. 다음 상황에서 엄팀장이 주의해야 할 점으로 옳지 않은 것은?

> 엄팀장 : 문식씨, 좋은 아침이군요. 나는 문식씨가 구체적으로 어떤 업무를 하길 원하는지, 그리고 새로운 업무 목표는 어떻게 이룰 것인지 의견을 듣고 싶습니다.
>
> 문식 : 솔직히 저는 현재 제가 맡고 있는 업무도 벅찬데 새로운 업무를 받은 것에 대해 달갑지 않습니다. 그저 난감할 뿐이죠.
>
> 엄팀장 : 그렇군요. 그 마음 충분히 이해합니다. 하지만 현재 회사 여건상 인력감축은 불가피합니다. 현재의 인원으로 업무를 어떻게 수행할 수 있을지에 대해 우리는 계획을 세워야 합니다. 이에 대해 문식씨가 새로 맡게 될 업무를 검토하고 그것을 어떻게 달성할 수 있을지 집중적으로 얘기해 봅시다.
>
> 문식 : 일단 주어진 업무를 모두 처리하기에는 시간이 너무 부족합니다. 좀 더 다른 방법을 세워야 할 것 같아요.
>
> 엄팀장 : 그렇다면 혹시 그에 대한 다른 대안이 있나요
>
> 문식 : 기존에 제가 가지고 있던 업무들을 보면 없어도 될 중복된 업무들이 있습니다. 이러한 업무들을 하나로 통합한다면 새로운 업무를 볼 여유가 생길 것 같습니다.
>
> 엄팀장 : 좋습니다. 좀 더 구체적으로 말씀해 주시겠습니까?
>
> 문식 : 우리는 지금까지 너무 고객의 요구를 만족시키기 위해 필요 없는 절차들을 많이 따르고 있었습니다. 이를 간소화할 필요가 있다고 생각합니다.
>
> 엄팀장 : 그렇군요. 어려운 문제에 대해 좋은 해결책을 제시해 줘서 정말 기쁩니다. 그렇다면 지금부터는 새로운 업무를 어떻게 진행시킬지, 그리고 그 업무가 문식씨에게 어떤 이점으로 작용할지에 대해 말씀해 주시겠습니까? 지금까지 문식씨는 맡은 업무를 잘 처리하였지만 너무 같은 업무만을 하다보면 도전정신도 없어지고 자극도 받지 못하죠. 이번에 새로 맡게 될 업무를 완벽하게 처리하기 위해 어떤 방법을 활용할 생각입니까
>
> 문식 : 네. 사실 말씀하신 바와 같이 지금까지 겪어보지 못한 전혀 새로운 업무라 기분이 좋지는 않습니다. 하지만 반면 저는 지금까지 제 업무를 수행하면서 창의적인 능력을 사용해 보지 못했습니다. 이번 업무는 제게 이러한 창의적인 능력을 발휘할 수 있는 기회입니다. 따라서 저는 이번 업무를 통해 좀 더 창의적인 능력을 발휘해 볼 수 있는 경험과 그에 대한 자신감을 얻게 되었다는 점이 가장 큰 이점으로 작용할 것이라 생각됩니다.
>
> 엄팀장 : 문식씨 정말 훌륭한 생각을 가지고 있군요. 이미 당신은 새로운 기술과 재능을 가지고 있다는 것을 우리에게 보여주고 있습니다.

① 지나치게 많은 정보와 지시를 내려 직원들을 압도한다.

② 어떤 활동을 다루고, 시간은 얼마나 걸리는지 등에 대해 구체적이고 명확하게 밝힌다.

③ 질문과 피드백에 충분한 시간을 할애한다.

④ 직원들의 반응을 이해하고 인정한다.

⑤ 핵심적인 질문으로 효과를 높인다.

22. 갈등해결방법 모색 시 명심해야 할 사항으로 옳지 않은 것은?

① 다른 사람들의 입장 이해하기

② 어려운 문제에 맞서기

③ 어느 한쪽으로 치우치지 않기

④ 적극적으로 논쟁하기

⑤ 존중하는 자세로 대하기

23. 당신은 소프트웨어를 제작하는 ○○소프트사의 컨설팅 부서에서 근무하고 있다. 다음과 같은 상황에서 당신 또는 당신의 부서가 취할 조치로 가장 알맞은 것은?

> 당신의 회사는 작은 규모의 거래를 여러 회사와 하는 성향이 있다. 그런데 최근 한 고객사가 당신의 회사 담당자에게 매우 까다롭게 굴었다. 고객사의 요구는 다소 추상적이어서 답변하기 곤란할 뿐만 아니라, 상담하는 직원들에게 무례한 태도로 일관해 부서원들이 해당 회사와의 미팅 날이면 노이로제에 걸릴 판이었다. 결국, 몇몇 직원은 더는 해당 고객사와 대화하기 어렵다며 미팅 날이 잡히면 결근을 하거나 휴가를 가버리는 지경에 이르렀다.

① 해당 고객사와의 계약을 파기한다.

② 해당 고객사를 전경련에 신고한다.

③ 해당 고객사의 추가 주문을 거절한다.

④ 해당 고객사로부터 대량 주문을 요구한다.

⑤ 해당 고객사에게 인정받을 때까지 정중하게 다가간다.

24. 다음에 제시된 협상 절차 중 빈칸에 들어갈 협상 절차에 해당하는 단계의 특징으로 옳은 것은?

① 상대방이 원하는 이슈들을 수집한다.

② 협상을 위한 협상 대상 안건을 결정한다.

③ 이전 단계에서 도출된 대안들을 평가한다.

④ 협상 당사자들 사이에 상호 친근감을 쌓는다.

⑤ 상대방이 겉으로 주장하는 것과 실제로 원하는 것을 구분하여 실제로 원하는 것을 찾아낸다.

25. 다음 중 '4차 산업혁명'에 대한 설명으로 가장 적절하지 않은 것은 어느 것인가?

① 4차 산업혁명은 2016년 1월 스위스 다보스에서 개최된 제46차 세계경제포럼, '제4차 산업혁명의 이해'라는 주제로 논의, 세계적으로 주목을 받기 시작하였다.

② IoT, Big Data, 인공지능, 모바일 등 첨단 정보통신기술이 경제·사회 전반에 융합되어 혁신적인 변화가 나타나는 차세대 산업혁명이다.

③ 4차 산업혁명의 핵심은 다양한 산업이 초연결성, 초지능화 기반 하에 상호 연결됨으로써 고도로 지능화된 사회로 세계를 변화시키는 것에 있다.

④ 4차 산업혁명은 인간의 노동과 삶의 질을 향상시키고 에코 사회 등 다양한 사회문제를 해결하는 등 사회적 혁신 가치를 지속적으로 확산해 나갈 것이다.

⑤ 클라우스 슈바프 다보스포럼 회장은 4차 산업혁명을 통해 노동자와 자본가 사이 부의 격차를 좁힐 수 있을 것이라고 전망하였다.

26. 다음은 대구도시철도공사 운전취급규정 중 운전방식에 대한 내용이다. 열차운전 중 운전모드의 변경이 필요한 경우 기관사는 관제사의 승인을 받아 변경하여야 한다. 그러나 예외인 경우도 존재한다. 다음 중 운전모드 변경시 승인을 받아 변경하지 않아도 되는 경우에 해당하는 것은?

제26조(완전자동운전모드) 운전모드선택스위치를 완전자동운전(Full-Auto)으로 선택하여 기관사 조작 없이 운전하는 방식을 말하며 완전자동 운전의 시행은 따로 정하는 바에 의한다.

제27조(자동운전모드) 운전모드선택스위치를 자동운전(Semi-Auto)으로 선택하는 것으로 ATP 감시 하에 ATO에 의해 기관사가 출발명령을 수행하면 자동으로 열차운행이 되는 운전방식으로 본선운전 기본모드이다.

제28조(수동운전모드) 운전모드선택스위치를 수동운전(MCS)으로 선택하는 것으로 ATP 감시 하에 차내 신호기에 따라 기관사가 직접 주간제어기를 조작하여 운전하는 것이다.

제29조(야드운전)
① 운전모드선택스위치를 야드운전(YARD)으로 선택하는 것으로 제한된 ATP 감시 하에 기관사에 의한 수동운전으로서 열차운행 속도가 25km/h 이하로 운전하는 방식이다.
② 다음 각 호에 해당하는 경우에는 야드운전을 하여야 한다.
  1. 차량기지구 내에서 차량입환을 할 때 또는 차내신호를 수신할 수 없는 운전취급역 구내에서 입환운전할 때
  2. ATC 비설비 구간을 운전할 때
  3. 정위치 조정 운전할 때
  4. 기타 사유로 관제사의 지시에 의할 때

제30조(비상운전) 운전모드선택스위치를 비상운전으로 선택하는 것으로 관제사는 다음 각 호에 해당하는 경우에는 기관사에게 비상운전을 승인할 수가 있다.
  1. ATC 고장 시(대용폐색방식)
  2. 다른 열차와 합병시
  3. 전령법 시행시
  4. 밀기운전시
  5. 정위치 조정 운전시
  6. 무폐색운전시

제31조(자동회차운전) 자동회차운전은 자동회차(ATB)모드로 종착역이나 지정된 중간회차역에서 전동차의 진행방향을 자동으로 바꾸는 것이다. 다만, 지정회차역이 아닌 역에서 회차하는 경우에는 자동회차모드로 운전하여서는 아니 된다.

제32조(운전모드의 변경)
① 열차운전 중 운전모드의 변경이 필요한 경우 기관사는 관제사의 승인을 받아 변경하여야 한다. 다만, 다음 각 호에 해당 하는 경우에는 그러하지 아니하다.
  1. 운전방식을 지정하였을 경우
  2. 역구내에서 반복을 위하여 입환할 경우
  3. 스크린 도어 설치 역에서 진입 중 정지위치 전에 정차되어 정차위치를 조정 할 경우
  4. 스크린 도어 설치 역에서 진입 중 정지위치를 벗어나 정차한 경우
  5. 기타 특별한 사유가 있을 경우
② 운전모드 변경요청을 받았을 경우 9호선 관제사는 상황파악 후 안전을 확인하고 운전모드의 변경을 승인하여야 한다. 단 자동운전(ATO)와 수동운전(MCS)간 변경은 승인을 생략한다.

① 운전방식을 지정하였을 경우

② 스크린 도어 설치 역에서 진입 중 정지위치 전에 정차되어 정차위치를 조정 할 경우

③ 차내신호를 수신할 수 없는 운전취급역 구내에서 입환운전할 경우

④ 스크린 도어 설치 역에서 진입 중 정지위치를 벗어나 정차한 경우

⑤ 역구내에서 반복을 위하여 입환할 경우

27. 다음은 장식품 제작 공정을 나타낸 것이다. 이에 대한 설명으로 옳은 것만을 〈보기〉에서 있는 대로 고른 것은? (단, 주어진 조건 이외의 것은 고려하지 않는다)

〈조건〉
• A~E의 모든 공정 활동을 거쳐 제품이 생산되며, 제품 생산은 A 공정부터 시작된다.
• 각 공정은 공정 활동별 한 명의 작업자가 수행하며, 공정 간 부품의 이동 시간은 고려하지 않는다.

〈작업순서〉

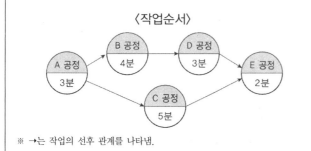

※ →는 작업의 선후 관계를 나타냄.

〈보기〉
㉠ 첫 번째 완제품은 생산 시작 12분 후에 완성된다.
㉡ 제품은 최초 생산 후 매 3분마다 한 개씩 생산될 수 있다.
㉢ C 공정의 소요 시간이 2분 지연되어도 첫 번째 완제품을 생산하는 총소요시간은 변화가 없다.

① ㉠ ② ㉡
③ ㉠, ㉢ ④ ㉡, ㉢
⑤ ㉠, ㉡, ㉢

28. 다음은 정보 통신 기술과 융합된 첨단 기술의 사례이다. ⑺, ⑻에 융합된 기술로 가장 적절한 것은?

⑺ 여러 명의 의료진이 증강 현실 기기를 통해 3차원으로 구현된 환자의 상태를 살펴보면서 원격으로 동시에 진료할 수 있는 바이오 기술이 개발되었다.
⑻ 스마트폰용 증강 현실 게임은 위치 기반 서비스를 활용하여 가상의 동물을 얻거나 경기를 할 수 있는 애플리케이션으로 많은 인기를 얻고 있다.

	⑺	⑻
①	환경 기술	문화 기술
②	환경 기술	나노 기술
③	문화 기술	환경 기술
④	생명 공학 기술	문화 기술
⑤	생명 공학 기술	환경 기술

29. 다음은 어떤 수를 구하는 과정이다. 이에 대한 설명으로 옳은 것을 〈보기〉에서 고른 것은? (단, A와 B는 자연수이다.)

• 1단계 : A에 10, B에 5를 입력한다.
• 2단계 : A를 B로 나눈 나머지 값을 A에 저장한다.
• 3단계 : A와 B를 교환한다.
• 4단계 : B가 0이면 6단계로 진행한다.
• 5단계 : B가 0이 아니면 2단계로 진행한다.
• 6단계 : A에 저장된 수를 출력하고 프로그램을 종료한다.

〈보기〉
㉠ 출력되는 수는 1이다.
㉡ 5단계는 한 번도 실행되지 않는다.
㉢ 최대공약수를 구하는 알고리즘이다.
㉣ A에 B보다 작은 수를 입력하면 무한 반복된다.

① ㉠, ㉡ ② ㉠, ㉢
③ ㉡, ㉢ ④ ㉡, ㉣
⑤ ㉢, ㉣

30. 다음은 피보나치 수열의 일부를 구하기 위한 순서도이다. 이에 대한 설명으로 옳은 것만을 모두 고른 것은?

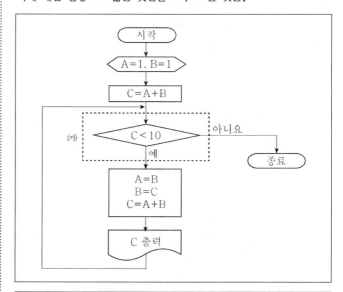

㉠ ⑺ 부분은 총 8회 수행된다.
㉡ 마지막으로 출력되는 값은 13이다.
㉢ 프로그램이 종료될 때 A와 B의 값은 같다.

① ㉠ ② ㉡
③ ㉠, ㉢ ④ ㉡, ㉢
⑤ ㉠, ㉡, ㉢

31. 다음은 새로운 맛의 치킨을 개발하는 과정이다. 단계 1~5를 프로그래밍 절차에 비유했을 경우, 이에 대한 설명으로 옳은 것을 모두 고른 것은?

> 단계 1 : 소비자가 어떤 맛의 치킨을 선호하는지 온라인으로 설문 조사한 결과 ○○ 소스 맛을 가장 좋아한다는 것을 알게 되었다.
> 단계 2 : ○○ 소스 맛 치킨을 만드는 과정을 이해하기 쉽도록 약속된 기호로 작성하였다.
> 단계 3 : 단계 2의 결과에 따라 ○○ 소스를 개발하여 새로운 맛의 치킨을 완성하였다.
> 단계 4 : 새롭게 만든 치킨을 손님들에게 무료로 시식할 수 있도록 제공하였다.
> 단계 5 : 시식 결과 손님들의 반응이 좋아 새로운 메뉴로 결정하였다.

> ㉠ 단계 1은 '문제 분석' 단계이다.
> ㉡ 단계 2는 '코딩ㆍ입력' 단계이다.
> ㉢ 단계 4는 '논리적 오류'를 발견할 수 있는 단계이다.
> ㉣ 단계 5는 '프로그램 모의 실행' 단계이다.

① ㉠, ㉡

② ㉠, ㉢

③ ㉡, ㉢

④ ㉡, ㉣

⑤ ㉢, ㉣

32. 다음은 벤치마킹 프로세스를 도식화한 자료이다. 빈칸 (가), (나)에 들어갈 말이 순서대로 올바르게 짝지어진 것은?

1단계 : 계획 단계	(나)
2단계 : 자료 수집 단계	벤치마킹 프로세스의 자료수집 단계에서는 내부 데이터 수집, 자료 및 문헌조사, 외부 데이터 수집이 포함된다.
3단계 : (가) 단계	데이터 분석, 근본 원인 분석, 결과 예측, 동인 판단 등의 업무를 수행하여야 한다. 이 단계의 목적은 벤치마킹 수행을 위해 개선 가능한 프로세스 동인들을 확인하기 위한 것이다.
4단계 : 개선 단계	개선 단계의 궁극적인 목표는 자사의 핵심 프로세스를 개선함으로써 벤치마킹결과를 현실화 시키자는 것이다. 이 단계에서는 벤치마킹 연구를 통해 얻은 정보를 활용함으로써 향상된 프로세스를 조직에 적응시켜 지속적인 향상을 유도하여야 한다.

① 정보화 단계, 벤치마킹의 방식 선정

② 원인 도출 단계, 실행 가능 여부의 면밀한 검토

③ 분석 단계, 벤치마킹 파트너 선정에 필요한 요구조건 작성

④ 비교 단계, 벤치마킹의 필요성 재확인

⑤ 자료 이용 단계, 벤치마킹 대상에 대한 적격성 심사

33. 다음과 같은 상황을 맞은 강 대리가 취할 수 있는 가장 적절한 행동은 어느 것인가?

> 강 대리는 자신이 일하는 ◇◇교통공사에 고향에서 친하게 지냈던 형이 다음 주부터 철도차량운전사로 일하게 되었다는 소식을 듣게 되었다. 이 소식을 듣고 오랜만에 형과 만난 강 대리는 형과 이야기를 하던 중 형이 현재 복용하고 있는 약물이 법적으로 금지된 마약류이며 중독된 상황임을 알게 되었다. 강 대리는 형이 어렵게 취업을 하게 된 사정을 생각하며 고민하게 되었다.

① 인사과에 추가적인 이유는 말하지 않고 신입 운전사를 해고해야 할 것 같다고 말한다.

② 형에게 자신이 비밀을 지키는 대신 자신과 회사에서는 아는 척을 하지 말아달라고 부탁한다.

③ 철도차량 운전상의 위험과 장해를 일으킬 수 있으므로 형에게 직접 회사에 알릴 것을 권해야 한다.

④ 형의 성격상 철도차량운전사로 손색이 없다는 것을 알고 있으므로 괜히 기분 상할 일을 만들지 않고 그냥 넘어간다.

⑤ 면허가 취소될 수도 있기 때문에 형에게 그 동안 다른 사람의 면허를 잠시 대여하는 방법을 알려준다.

34. 다음 자료는 '인공지능'과 '통계'에 대한 관계를 설명하는 글이다. 다음 자료를 보고 대화를 나누는 5명의 의견 중, 맥락상 어긋나는 발언을 한 사람은 누구인가?

요즘 인공지능이 대세다. 딥러닝이 여기저기서 언급되기 시작하면서 슬슬 지펴지던 열기는 지난 3월 이세돌과 알파고의 바둑 대결이 이뤄지고, 알파고가 4:1로 이세돌을 이기면서 한층 달아올랐다. 최근 업무 관련해서 사람들과 이야기를 나누다 보면, 전에는 '데이터 분석에는 기계 학습(Machine Learning)을 사용하느냐', '통계와 데이터 마이닝이 뭐가 다르냐, 데이터 분석에는 무엇을 쓰냐' 등의 질문이었다. 그런데 최근에는 거기에 한 종류가 더 추가되었다. '데이터 분석은 인공지능하고 무슨 관계일까', '통계 기법은 인공지능 시대에 뒤떨어진 게 아니냐' 같은 이야기 들이다.

하지만 이 질문들에 대해 내 답은 보통 유사하다. '데이터를 사용해서 문제를 풀어서 해답을 찾는 것에서, 최적의 방식은 문제에 따라 다르고, 그 방식을 사용하면 되는 것이라고 생각합니다. 그 방식이 문제에 따라 통계 기법이 될 수도 있고, 알고리즘을 활용한 데이터 마이닝이 될 수도 있습니다. 머신 러닝은 인공지능의 다양한 가치 중 하나이니 크게 보면 인공지능 문제가 될 수돌 있을 것입니다. 이런 것들이 서로 연관성이 없는 것도 아니고, 어느 한 쪽이 다른 한 쪽보다 뒤떨어진다고는 생각하지 않습니다.'. 기계 학습, 빅데이터, 인공지능, 고급 분석 등 최근 데이터 분석 관련 용어들이 무분별하게 쏟아지다보니 많은 사람들이 이런 용어들의 개념에 대해서 헷갈려하고, 더욱 어려워한다. 하지만 이를 뜯어보면 일부는 용어 자체가 모호하거나, 혹은 각 용어들의 개념이 일부 중첩되어 있고, 어떤 한 용어가 갑자기 주목을 받는다고 해서 갑자기 사라지거나 하는 것이 아니다.

김 과장 : 이제 '인공지능' 붐이 불면서, 늘 도전을 맞이해야 했던 통계 관련 분야도 새로운 도전을 맞이하고 있는 것 같습니다.

박 과장 : 하지만 통계는 앞으로도 더욱 많은 인공지능 관련 분야에서는 활용되는 것과 동시에, 인공지능 분야 내에서 많은 기여를 할 것입니다.

정 대리 : 그렇다면 인공지능을 위한 기본적인 초석이자 근간으로, AI가 빠진 통계란 이미 상상할 수도 없으며, 아무 것도 아니라는 의미라고 할 수 있겠군요.

유 대리 : 네, 다시 말하면, 데이터에 맞게 최적화하는 과정은 대부분 무수한 통계적 기법을 활용한 변수 튜닝 및 집계 방식 변경 등으로 이루어지게 된다는 의미이지요.

문 과장 : 하지만 통계 입장에서 생각해 보면, 늘 그랬듯이, 기본적으로 '데이터가 중시되는' 변화에서는 앞으로도 통계의 역할은 작아질래야 작아질 수 없다고 봅니다.

① 김 과장　　　　　② 박 과장
③ 정 대리　　　　　④ 유 대리
⑤ 문 과장

35. 동진이는 팀원들과 함께 아이디어 회의를 하고 있는 중이다. 다양한 아이디어를 수집하여 정리하고 토론을 하였다. 다음 중 '직무책임'에 관하여 틀린 의견을 낸 사람은 누구인가?

① 김대리 – 내가 해야 할 직무를 개인적인 일보다 우선적으로 수행해야 합니다.

② 이대리 – 내가 해야 할 직무를 행함에 있어서, 역할과 책임을 명확하게 해야 합니다.

③ 신주임 – 자신의 고유직무만 아니라 소속팀의 공동직무도 공동책임입니다.

④ 정과장 – 직무수행 중 일어난 과실에 대해서는 법적 책임만 져야 합니다.

⑤ 최과장 – 자신이 과실을 저질렀을 때에는 끝까지 책임지려는 책임감이 무엇보다도 중요합니다.

36. "4차 산업혁명 시대의 직업윤리 교육의 방향(교육철학연구, 제41권, 2019, 김은우/유재 봉)"의 논문에서 저자들은 4차 산업혁명으로 인해 사람을 기계의 일부로 봄으로써 윤리 규범을 붕괴시킬 우려를 언급하기도 했다. 다음의 사례는 테일러의 과학적 관리론에 관한 사례를 제시하였다. 아래의 글을 읽고 4차 산업혁명 시대의 직업윤리로서 인간을 기계의 일부분으로 취급하는 과학적관리론으로 인해 나타나는 내용 중 옳지 않은 것을 고르면?

자본주의 경제는 '비효율과의 전쟁'을 통해 발전해왔다. 초기에 비효율은 삼림 파괴, 수(水)자원 낭비, 탄광 개발 남발 등 주로 자원과 관련한 문제였다. 프레드릭 테일러(Frederick Taylor · 1856~1915)는 사람의 노력이 낭비되고 있다는 데 처음으로 주목했다. 효율적인 국가를 건설하려면 산업 현장에서 매일 반복되는 실수, 잘못된 지시, 노사 갈등을 해결하는 데서 출발해야 한다고 믿었다. 노사가 협업해 과학적인 생산 방법으로 생산성을 끌어올리면 분배의 공평성도 달성할 수 있다고 주장했다. 그가 이런 생각을 체계적으로 정리한 책이 《과학적 관리법》(1911년)이다.

테일러는 고등학교 졸업 후 공장에 들어가 공장장 자리에까지 오른 현장 전문가였다. 그는 30년간 과학적 관리법 보급을 위해 노력했지만 노동자로부터는 "초시계를 이용해 노동자를 착취한다"고, 기업가로부터는 "우리를 눈먼 돼지로 보느냐"고 비난받았다. 그러나 그는 과학적 관리법이 노사 모두에 도움이 되기 때문에 결국 널리 퍼질 것으로 확신했다. 훗날 과학적 관리법은 '테일러리즘(Taylorism)'으로 불리며 현대 경영학의 뿌리가 됐다. 1900년대 영국과 미국에선 공장 근로자의 근무태만이 만연했다. 노동조합도 "노동자가 너무 많은 일을 하면 다른 사람의 일자리를 뺏을 수 있다"며 '적은 노동'을 권했다. 전체 생산량에 따라 임금을 주니 특별히 일을 더 많이 할 이유도 없었다.

---

① 조직목표인 능률성 향상과 개인목표인 인간의 행복 추구 사이에는 궁극적으로 양립·조화 관계로 인식하였다.

② 작업 계층의 효율적인 관리를 위해 하위 계층 관리만을 연구대상으로 하고 인간을 목표 달성을 위한 조종 대상으로 보았다.

③ 생산성, 능률성 향상이 궁극적인 목적이다.

④ 조직 외적 환경과의 상호작용을 경시하고 조직을 개방체제가 아닌 폐쇄체제로 인식하였다.

⑤ 타인에 의한 내부적인 동기부여가 효율적이라고 생각한다.

37. 다음 사례에서 파악할 수 있는 민수씨의 직업의식으로 적절한 것을 〈보기〉에서 고른 것은?

> 신발 회사의 대표를 맡고 있는 민수씨는 최고의 구두를 만들겠다는 일념으로 세계 유명 구두 디자인에 대한 사례 연구를 통해 독창적인 모델을 출시하여 대성공을 거두었다. 또한 민수씨는 회사 경영에 있어서도 인화와 협동을 중시하여 직원들을 대상으로 가족 초청 어버이날 행사, 단체 체육대회 등 노사가 함께하는 행사를 개최하여 유대를 강화하고 있다.

〈보기〉	
㉠ 전문 의식	㉡ 귀속 의식
㉢ 연대 의식	㉣ 귀천 의식

① ㉠, ㉡

② ㉠, ㉢

③ ㉡, ㉢

④ ㉡, ㉣

⑤ ㉢, ㉣

38. 다음 A씨의 진로 선택 사례에서 알 수 있는 내용으로 옳은 것을 모두 고른 것은?

> 특성화 고등학교 출신인 A씨는 자신의 진로 유형 검사가 기계적 기술이나 신체적 운동을 요구하는 업무에 적합한 유형으로 나온 것을 고려하여 ○○ 기업 항공기 정비원으로 입사하였다. 또한 A씨는 보수나 지위에 상관없이 사회 구성원의 일원으로서 긍지와 자부심을 갖고 최선을 다해 일하고 있다.

> ㉠ 직업에 대해 소명 의식을 가지고 있다.
> ㉡ 홀랜드의 직업 흥미 유형 중 관습적 유형에 해당한다.
> ㉢ 직업의 개인적 의의보다 경제적 의의를 중요시하고 있다.
> ㉣ 한국 표준 직업 분류 중 기능원 및 관련 기능 종사자에 해당한다.

① ㉠, ㉡

② ㉠, ㉣

③ ㉡, ㉢

④ ㉡, ㉣

⑤ ㉢, ㉣

39. 당신은 대구도시철도공사 입사 지원자이다. 서류전형 통과 후, NCS 기반의 면접을 보기 위해 면접장에 들어가 있는데, 면접관이 당신에게 다음과 같은 질문을 하였다. 다음 중 면접관의 질문에 대한 당신의 대답으로 가장 적절한 것은?

> 면접관 : 최근 많은 회사들이 윤리경영을 핵심 가치로 내세우며, 개혁을 단행하고 있습니다. 그건 저희 회사도 마찬가지입니다. 윤리경영을 단행하고 있는 저희 회사에 도움이 될 만한 개인 사례를 말씀해 주시기 바랍니다.
>
> 당　신 : (　　　　　　　　　　　　　　　　　)

① 저는 시간관념이 철저하므로 회의에 늦은 적이 한 번도 없습니다.

② 저는 총학생회장을 역임하면서, 맡은 바 책임이라는 것이 무엇인지 잘 알고 있습니다.

③ 저는 상담사를 준비한 적이 있어서, 타인의 말을 귀 기울여 듣는 것이 얼마나 중요한지 알고 있습니다.

④ 저는 동아리 생활을 할 때, 항상 동아리를 사랑하는 마음으로 남들보다 먼저 동아리실을 청소하고, 시설을 유지하기 위해 노력했습니다.

⑤ 저는 모든 일이 투명하게 이뤄져야 한다고 생각합니다. 그래서 어린 시절 반에서 괴롭힘을 당하는 친구가 있으면 일단 선생님께 말씀드리곤 했습니다.

40. (가), (나)의 사례에 나타난 직업관의 유형으로 옳은 것은?

> (가) 힘들고, 위험한 일을 기피하는 현상 때문에 노동력은 풍부하지만 생산인력은 부족한 실정이다. 하지만 주윤발씨는 개인의 소질, 능력, 성취도를 최우선으로 하고 있어 생산직 사원 모집 광고를 보고 원서를 제출하였다.
>
> (나) 사장은 장비씨의 연로한 나이와 그의 성실성을 고려하여 근무시간을 줄여 주고 월급도 50 % 인상해 주었다. 그러자 장비씨는 회사에 사표를 내고 다른 직장으로 이직을 원하였다. 이에 사장이 그만두는 이유를 묻자 "저는 돈을 벌기 위하여 일을 하는 것이 아니라 남은 인생을 될 수 있는 한 많은 사람을 위해 일하고 싶은 것인데, 근무 시간이 줄어들었으니 그만둘 수밖에 없습니다."라고 대답하였다.

	(가)	(나)
①	업적주의적 직업관	개인중심적 직업관
②	업적주의적 직업관	귀속주의적 직업관
③	귀속주의적 직업관	결과지향적 직업관
④	귀속주의적 직업관	개인중심적 직업관
⑤	개인중심적 직업관	결과지향적 직업관

✏ 기계일반(40문항)

1. 연삭가공에서 연삭비로 옳은 것은?

① 단위체적의 숫돌마멸에 대한 제거된 재료체적

② 연삭숫돌의 속도에 대한 공작물의 속도

③ 연삭깊이와 연삭숫돌의 초당 회전속도 비율

④ 연삭숫돌의 체적에 대한 공극 비율

⑤ 숫돌의 경도와 입자의 크기 비율

2. 회주철의 부족한 연성을 개선하기 위해 용탕에 직접 첨가물을 넣음으로써 흑연을 둥근 방울형태로 만들 수 있다. 이와 같이 흑연이 구상으로 되는 구상흑연주철을 만들기 위해 첨가하는 원소로서 가장 적합한 것은 어느 것인가?

① P   ② Mn

③ Si   ④ C

⑤ Mg

3. 철강의 열처리와 표면처리에 대한 설명 중 옳은 것으로만 묶인 것은?

> (가) 트루스타이트(troostite) 조직은 마텐자이트(martensite) 조직보다 경도가 크다.
>
> (나) 오스템퍼링(austempering)을 통해 베이나이트(bainite) 조직을 얻을 수 있다.
>
> (다) 철의 표면에 규소(Si)를 침투시켜 피막을 형성하는 것을 세라다이징(sheradizing)이라 한다.
>
> (라) 심랭처리를 통해 잔류 오스테나이트(austenite)를 줄일 수 있다.

① (가), (다)   ② (가), (라)

③ (나), (다)   ④ (나), (라)

⑤ (다), (라)

4. 금형용 합금공구강의 KS 규격에 해당하는 것은?

① STD 11   ② SC 360

③ SM 45C   ④ SS 400

⑤ DC 500

5. 다음의 공구재료를 200℃ 이상의 고온에서 경도가 높은 순으로 옳게 나열한 것은?

탄소공구강, 세라믹공구, 고속도강, 초경합금

① 초경합금＞세라믹공구＞고속도강＞탄소공구강
② 초경합금＞세라믹공구＞탄소공구강＞고속도강
③ 세라믹공구＞초경합금＞고속도강＞탄소공구강
④ 고속도강＞초경합금＞탄소공구강＞세라믹공구
⑤ 고속도강＞탄소공구강＞세라믹공구＞초경합금

6. 탄소 함유량이 0.77%인 강을 오스테나이트 구역으로 가열한 후 공석변태온도 이하로 냉각시킬 때, 페라이트와 시멘타이트의 조직이 층상으로 나타나는 조직으로 옳은 것은?

① 오스테나이트(austenite) 조직
② 베이나이트(bainite) 조직
③ 마텐자이트(martensite) 조직
④ 펄라이트(pearlite) 조직
⑤ 레데뷰라이트(ledeburite) 조직

7. 1줄 나사에서 나사를 축방향으로 20mm 이동시키는 데 2회전이 필요할 때, 이 나사의 피치[mm]는?

① 1   ② 5
③ 10   ④ 20
⑤ 30

8. 백래시(backlash)가 적어 정밀 이송장치에 많이 쓰이는 운동용 나사는?

① 사각 나사
② 톱니 나사
③ 볼 나사
④ 사다리꼴 나사
⑤ 삼각 나사

9. 큰 토크를 전달할 수 있어 자동차의 속도 변환 기구에 주로 사용되는 것은?

① 원뿔 키(cone key)
② 안장 키(saddle key)
③ 평 키(flat key)
④ 스플라인(spline)
⑤ 미끄럼 키(sliding key)

10. 기계요소의 하나인 리벳을 이용하여 부재를 연결하는 리벳이음 작업 중에 코킹을 하는 이유로 적합한 것은?

① 강판의 강도를 향상시키기 위하여
② 패킹 재료를 용이하게 끼우기 위하여
③ 리벳 구멍의 가공을 용이하게 하기 위하여
④ 강판의 가공을 용이하게 하기 위하여
⑤ 강판의 기밀성을 향상시키기 위하여

11. 너트의 풀림을 방지하기 위한 기계요소로 옳은 것만을 모두 고른 것은?

㉠ 로크너트	㉡ 이붙이 와셔
㉢ 나비너트	㉣ 스프링 와셔

① ㉠, ㉡, ㉢
② ㉠, ㉡, ㉣
③ ㉠, ㉢, ㉣
④ ㉡, ㉢, ㉣
⑤ ㉠, ㉡, ㉢, ㉣

12. 결합에 사용되는 기계요소만으로 옳게 묶인 것은?

① 관통볼트, 묻힘 키, 플랜지 너트, 분할 핀
② 삼각나사, 유체 커플링, 롤러 체인, 플랜지
③ 드럼 브레이크, 공기 스프링, 웜 기어, 스플라인
④ 스터드 볼트, 테이퍼 핀, 전자 클러치, 원추 마찰차
⑤ 체인, 커플링, 리벳, 스프링, 브레이크, 베어링, 너트

13. ㉠, ㉡에 들어갈 축 이음으로 적절한 것은?

> 두 축의 중심선을 일치시키기 어렵거나, 진동이 발생되기 쉬운 경우에는 ㉠을 사용하여 축을 연결하고, 두 축이 만나는 각이 수시로 변화하는 경우에는 ㉡이(가) 사용된다.

	㉠	㉡
①	플랜지 커플링	유니버셜 조인트
②	플렉시블 커플링	유니버셜 조인트
③	플랜지 커플링	유체 커플링
④	플렉시블 커플링	유체 커플링
⑤	플렌지 커플링	플렉시블 커플링

14. 두 축의 중심이 일치하지 않는 경우에 사용할 수 있는 커플링은?

① 올덤 커플링(Oldham coupling)

② 머프 커플링(muff coupling)

③ 마찰원통 커플링(friction clip coupling)

④ 셀러 커플링(Seller coupling)

⑤ 유체 커플링(fluid coupling)

15. 두 축의 중심선을 일치시키기 어려운 경우, 두 축의 연결 부위에 고무, 가죽 등의 탄성체를 넣어 축의 중심선 불일치를 완화하는 커플링은?

① 유체 커플링

② 플랜지 커플링

③ 플렉시블 커플링

④ 유니버셜 조인트

⑤ 머프 커플링

16. 유체를 매개로 하여 동력을 전달하는 장치로 유체를 가득 채운 케이싱 내부에 임펠러(impeller)를 서로 마주보게 세워두고 회전력을 전달하는 장치는?

① 축압기

② 체크 밸브

③ 유체 커플링

④ 유압 실린더

⑤ 릴리프 밸브

17. 축방향 하중을 지지하는 데 가장 부적합한 베어링은?

① 단열 깊은 홈 볼 베어링(single-row deep-groove ball bearing)

② 앵귤라 콘택트 볼 베어링(angular contact ball bearing)

③ 니들 롤러 베어링(needle roller bearing)

④ 테이퍼 롤러 베어링(taper roller bearing)

⑤ 원통 롤러 베어링(cylindrical roller bearing)

18. 단면이 직사각형이고 길이가 L인 외팔보형 단판 스프링에서 최대 처짐이 δ_0이고, 스프링의 두께를 2배로 하였을 때 최대 처짐이 δ일 경우 δ/δ_0는? (단, 다른 조건은 동일하다)

① 1/16　　　　　　② 1/8

③ 1/4　　　　　　④ 1/2

⑤ 1

19. 축압 브레이크의 일종으로 마찰패드에 회전축 방향의 힘을 가하여 회전을 제동하는 장치는?

① 블록 브레이크

② 밴드 브레이크

③ 드럼 브레이크

④ 디스크 브레이크

⑤ 스프링 브레이크

20. 자동차에 사용되는 판 스프링(leaf spring)이나 쇼크 업소버(shock absorber)의 역할은?

① 클러치

② 완충 장치

③ 제동 장치

④ 동력 전달 장치

⑤ 윤활 장치

21. 유체기계를 운전할 때 송출량 및 압력이 주기적으로 변화하는 현상(진동을 일으키고 숨을 쉬는 것과 같은 현상)으로 옳은 것은?

① 공동현상(cavitation)

② 노킹현상(knocking)

③ 서징현상(surging)

④ 난류현상

⑤ 관성현상

22. 역 카르노 사이클로 작동하는 냉동기의 증발기 온도가 250K, 응축기 온도가 350K일 때 냉동 사이클의 성적계수는 얼마인가?

① 0.25   ② 0.4

③ 2.5   ④ 3.5

⑤ 4.5

23. 지면을 절삭하여 평활하게 다듬고자 한다. 다음 중 표면 작업 장비로 가장 적합한 것은?

① 그레이더(grader)

② 스크레이퍼(scraper)

③ 도저(dozer)

④ 굴삭기

⑤ 타이어 롤러(tire roller)

24. 금속재료의 열처리에 대한 설명이다. 다음 내용 중 옳지 않은 것은?

① 풀림(annealing)을 하면 가공경화나 내부응력을 제거할 수 있다.

② 담금질(quenching)을 하면 강도는 올라가고, 경도는 하락한다.

③ 불림(normalizing)은 조직을 표준화 시킨다.

④ 강의 탄소함유량을 측정할 때 불림(normalizing)을 이용한다.

⑤ 담금질(quenching)은 가열온도를 변태점보다 30~50도 높게 한다.

25. 기계요소 중 축(shaft) 관련 설명들이다. 다음 내용 중 옳지 않은 것은?

① 일반축에는 주로 탄소강, 고속/고하중에는 특수강을 사용한다.

② 축은 고속회전에 사용되므로 피로파괴를 고려해야 한다.

③ 축은 처짐과 비틀림 등으로 위험한 임계속도가 있다.

④ 축설계시 비틀림각을 제한하기 위해 인장강도를 계산한다.

⑤ 전동축은 주로 비틀림 모멘트를 많이 받으나, 굽힘 모멘트도 작용한다.

26. 테일러의 공구수명방정식으로 옳은 것은?

① 유동형칩 발생과 공구수명의 관계식

② 가공물의 경도와 공구수명의 관계식

③ 절삭깊이와 공구수명과의 관계식

④ 절삭속도와 공구수명과의 관계식

⑤ 이송속도와 공구수명과의 관계식

27. 동력과 에너지 관련된 설명들이다. 다음 내용 중 옳지 않은 것은?

① 댐은 물의 위치에너지를 전기에너지로 변환한다.

② 보일러는 연소에 의한 열에너지를 이용한다.

③ 원자로는 고온, 고압의 물로 직접 터빈을 회전시킨다.

④ 내연기관은 연소에 의한 압력에너지를 운동에너지로 변환한다.

⑤ 화력발전소는 열에 의한 증기에너지를 이용한다.

28. 구멍 가공을 위하여 드릴을 사용하는데, 이러한 드릴의 날 끝각에 대한 설명 중에서 옳지 않은 것은?

① 드릴의 날끝각은 가공물의 재질에 따라 다르다.

② 드릴의 날끝각은 일반적으로 118°이다.

③ 경도가 높을수록 날끝각은 작게 한다.

④ 드릴 날의 길이는 가공에 영향을 미친다.

⑤ 드릴 중심축에 대한 각이 다르면 안 된다.

29. 압연 가공에 대한 설명 중에서 옳은 것은?

① 압연은 주조 조직을 파괴하고, 기포를 압착하여 우수한 재질이 되게 한다.

② 압연의 주목적은 재료의 두께를 증가시키기 위한 것이다.

③ 압연에 의하여 폭은 약간 줄어든다.

④ 열간 압연은 냉간 압연에 비하여 표면이 매끈하고 깨끗하다.

⑤ 냉간 압연은 열간 압연에 비하여 재료의 강도가 낮아진다.

30. 다음의 비철금속에 대한 설명 중 옳지 않은 것은?

① 구리는 열 및 전기 전도율이 좋으나, 기계적인 강도는 낮다.

② 티타늄은 알루미늄보다 가벼워 항공재료로 사용된다.

③ 알루미늄은 가벼운 것이 특징이며, 가공이 용이하다.

④ 니켈은 산화피막에 의해서 내부식성이 우수하다.

⑤ 알루미나는 내부식성을 증가시킨다.

31. 연신율이 20%인 재료의 인장시험에서 파괴되기 직전의 시편 전체길이가 24cm일 때 이 시편의 초기 길이는?

① 19.2cm

② 20cm

③ 28.8cm

④ 30cm

⑤ 40.6cm

32. 두께 10mm, 폭 130mm인 강판을 V형 맞대기 용접이음 하고자 한다. 이음효율 $\eta=1.0$으로 가정하면 인장력은 얼마까지 허용 가능한가? (단, 판의 최저 인장 강도는 40kgf/mm2이고, 안전율은 2로 한다.)

① 10,000kgf

② 13,000kgf

③ 26,000kgf

④ 34,000kgf

⑤ 52,000kgf

33. 절삭가공에서 절삭온도와 공구의 경도에 대한 설명으로 옳지 않은 것은?

① 전단면에서 전단소성변형에 의한 열이 발생한다.

② 공구의 온도가 상승하면 공구재료는 경화한다.

③ 칩과 공구 윗면과의 사이에 마찰열이 발생한다.

④ 공구의 온도가 상승하면 공구의 수명이 단축된다.

⑤ 절삭열은 칩, 공구, 공작물에 축적된다.

34. 다음 중 인베스트먼트 주조에 대한 내용으로 틀린 것은?

① 모든 재질에 적용할 수 있고, 특수합금에 적합하다.

② 사형주조법에 비해 인건비가 많이 든다.

③ 생산성이 낮으며 제조원가가 다른 주조법에 비해 비싸다.

④ 주물의 표면이 깨끗한 반면에 치수정밀도는 상당히 낮다.

⑤ 기계가공이 곤란한 경질합금, 밀링커터 및 가스터빈 블레이드 등을 제작할 때 사용한다.

35. 기계요소에 하중이 집중적으로 작용하면 응력집중이 발생하여 기계요소의 파단 원인이 된다. 다음 중 응력집중에 대한 경감 대책으로 옳은 것은?

① 단이 진 부분의 필릿(fillet) 반지름을 되도록 크게 한다.

② 재료내의 응력 흐름을 밀집되게 한다.

③ 단면 변화 부분에 열처리를 하여 부분적으로 부드럽게 한다.

④ 단면 변화 부분에 보강재를 대면 안 된다.

⑤ 단면 변화를 명확하게 하여 준다.

36. 다음 중 노크의 발생 원인이 아닌 것은?

① 실린더 온도가 높아지거나 적열된 열원이 있을 때

② 점화시기가 느릴 때

③ 흡기의 온도와 압력이 높을 때

④ 혼합비가 높을 때

⑤ 제동 평균 유효압력이 높을 때

37. 보의 길이가 l인 외팔보에 단위길이당 균일등분포하중 w가 작용할 때, 외팔보에 작용하는 최대 굽힘 모멘트로 옳은 것은?

① wl ② $\dfrac{wl^2}{4}$

③ $\dfrac{wl}{2}$ ④ $\dfrac{wl^2}{3}$

⑤ $\dfrac{wl^2}{2}$

38. 다음 중 가솔린기관과 비교하여 디젤기관의 장점이 아닌 것은?

① 압축비가 높아 열효율이 좋다.

② 연료비가 싸다.

③ 점화장치, 기화장치 등이 없어 고장이 적다.

④ 저속에서 큰 회전력을 발생한다.

⑤ 압축압력이 작음으로 안전하다.

39. 다음 중 초음파가공과 관련한 설명으로 옳지 않은 것은?

① 상하방향으로 초음파 진동하는 공구를 사용한다.

② 진동자는 20kHz 이상으로 진동한다.

③ 가공액에 함유된 연마입자가 공작물과 충돌에 의해 가공된다.

④ 연마입자는 알루미나, 탄화규소, 탄화붕소 등이 사용된다.

⑤ 연질재료의 다듬질 가공에 적합한 가공이다.

40. 회전수 400rpm, 이송량 2mm/rev로 120mm 길이의 공작물을 선삭 가공할 때 걸리는 가공 시간은?

① 7초

② 9초

③ 11초

④ 13초

⑤ 15초

서 원 각
www.goseowon.co.kr